Veganismo, feminismo
y demás ínsulas de ignorancia

colección
TABLA
ESMERALDA

La Colección Tabla Esmeralda es mucho más que una serie de libros: es una invitación a descubrir tu poder interior y a explorar los secretos más ocultos del universo. A través de una selección exquisita de obras emblemáticas en los campos del esoterismo, la autoayuda y el pensamiento espiritual, esta colección está pensada para aquellos que buscan expandir su conciencia y comprender los misterios que han fascinado a la humanidad desde tiempos ancestrales.

Cada libro te guiará en un viaje profundo hacia el conocimiento místico y el desarrollo personal, ayudándote a desentrañar los enigmas que rodean la existencia humana y a conectar con el poder transformador de la mente y el alma. Si sientes el llamado de lo desconocido, si anhelas descubrir verdades ocultas y elevar tu ser a nuevas dimensiones, la Colección Tabla Esmeralda es el compañero perfecto en tu búsqueda espiritual.

DULCE MARÍA ALCARAZ

VEGANISMO, FEMINISMO

Y DEMÁS ÍNSULAS DE IGNORANCIA

ALCARAZ
EDICIONES

© Alcaraz Ediciones, 2025
© Dulce María Alcaraz, 2025

Tr.ª Sierra de Gata, 5
La Poveda (Arganda del Rey)
28500 - Madrid
Teléf.: (+34) 910 46 54 33
e-mail: info@alcarazediciones.es
https://alcarazediciones.es

I.S.B.N.: 979-13-87586-28-7
Depósito Legal: En trámite

Diseño y maquetación: Iván García Molinero
Printed in Spain / Impreso en España

ÍNDICE

1. Las nuevas corrientes ideológicas 11

Introducción 11

1.1. El ascenso de las ideologías modernas..........12

1.2. El impacto social y mediático........................14

1.3. La polarización del pensamiento crítico.......16

2. Veganismo: Mitos y realidades................. 19

2.1. Orígenes del veganismo en la cultura moderna 19

2.2. La salud y el veganismo: ¿un equilibrio posible?...20

2.3. El argumento moral y la paradoja de la compasión 22

2.4. El impacto ambiental: ¿salvadores o destructores? 24

2.5. El veganismo como identidad social.............25

3. Feminismo: Entre la igualdad y el extremismo 27

3.1. Breve historia del feminismo: desde sus inicios hasta hoy...27

3.2. Feminismo de tercera y cuarta ola: nuevas definiciones de igualdad 29

3.3. La mujer frente al hombre: ¿opresión o conflicto de roles? 30

3.4. El feminismo y el discurso de género: ¿una nueva división social? 32

3.5. Retos y contradicciones del feminismo moderno 33

4. INTERSECCIONALIDAD: CUANDO LAS CAUSAS CONVERGEN 37

4.1. Qué es la interseccionalidad y cómo afecta las ideologías actuales 37

4.2. El cruce entre veganismo, feminismo y otras luchas 39

4.3. La confusión entre derechos y privilegios 41

4.4. El dilema del purismo ideológico 43

5. LA INFLUENCIA DE LAS REDES SOCIALES: ALTAVOZ O DISTORSIÓN 47

5.1. Activismo online: ¿transformación o espectáculo? 47

5.2. Fake news, ecocámaras y polarización en el debate público 49

5.3. La generación de contenido ideológico: influencers y expertos 50

5.4. Consecuencias psicológicas del ciberactivismo 52

6. LA CULTURA DE LA CANCELACIÓN: ¿UNA HERRAMIENTA DE CAMBIO O CENSURA? 55

6.1. ¿Qué es la cultura de la cancelación? Orígenes y evolución 55

6.2. La línea fina entre libertad de expresión y censura. 56

6.3. Impactos en la vida pública, profesional y académica 58

6.4. Consecuencias a largo plazo: ¿una sociedad más justa o más temerosa? 60

7. EL DESAFÍO DE LA DIVERSIDAD DE PENSAMIENTO 63

7.1. La aceptación del disenso: ¿un valor en peligro? 63

7.2. La homogeneización del pensamiento en los movimientos sociales. 64

7.3. El diálogo como herramienta para la construcción social 66

7.4. ¿Se puede ser feminista, vegana y crítica al mismo tiempo? 67

8. IGNORANCIA Y ARROGANCIA: LA IMPOSICIÓN IDEOLÓGICA 71

8.1. El uso de la moralidad para silenciar el pensamiento crítico. 71

8.2. Los peligros de la superioridad moral. 72

8.3. La imposición ideológica y sus efectos en la convivencia social. 74

8.4. Construyendo un espacio de diálogo respetuoso 74

9. CONCLUSIÓN: HACIA UNA SOCIEDAD DE PENSAMIENTO CRÍTICO 77

9.1. Recuperar el debate sano y la apertura intelectual 77

9.2. El equilibrio entre activismo y pluralismo.....78

9.3. Cómo encontrar el espacio para el entendimiento mutuo 79

9.4. La importancia del conocimiento frente a la ignorancia...81

Bibliografía 83

1. LAS NUEVAS CORRIENTES IDEOLÓGICAS

Introducción

El siglo XXI ha sido testigo de la emergencia y consolidación de una serie de nuevas corrientes ideológicas que, aunque tienen raíces en las luchas sociales de siglos anteriores, han adquirido un protagonismo sin precedentes en la era digital y globalizada. Movimientos como el feminismo, el veganismo, el ecologismo y las luchas por los derechos de las minorías sexuales y raciales han irrumpido en la esfera pública con una fuerza renovada, impulsados en gran medida por el poder de las redes sociales y la creciente conciencia sobre las Injusticias históricas y contemporáneas. Estos movimientos no solo están redefiniendo las normas sociales, sino que también están planteando interrogantes sobre el futuro de la convivencia democrática y el papel del pensamiento crítico en una sociedad cada vez más polarizada.

Esta transformación ideológica, sin embargo, no ha ocurrido de manera homogénea ni sin controversias. A medida que estas ideologías modernas ganan terreno, también generan resistencias y provocan divisiones, lo que pone de manifiesto las tensiones entre el cambio social y las estructuras tradicionales. Este capítulo explora el ascenso de estas nuevas corrientes, su impacto en la sociedad y los medios de comunicación, y la creciente polarización del pensamiento crítico que ha surgido como resultado.

1.1. El ascenso de las ideologías modernas

El surgimiento de las nuevas corrientes ideológicas en el siglo XXI responde a un contexto de profunda insatisfacción con el statu quo. Las desigualdades sociales, económicas y de género, junto con los efectos devastadores del cambio climático, han provocado una reacción crítica por parte de sectores de la sociedad que anteriormente permanecían al margen del debate público. Tal como señala Zygmunt Bauman en su obra *Modernidad líquida* (2000), las instituciones tradicionales —como la familia, el Estado y la religión— han perdido su capacidad para ofrecer seguridad y certezas en un mundo en constante cambio. Este «mundo líquido» ha dado lugar a la aparición de nuevas formas de identidad y resistencia que buscan llenar el vacío dejado por estas instituciones.

Un ejemplo de este fenómeno es el feminismo contemporáneo, que ha pasado de ser un movimiento enfocado en la lucha por los derechos civiles a una plataforma que abarca temas como la violencia de género, la equidad salarial, la representación política y la libertad sexual. Según Nancy Fraser (*Fortunes of Feminism* , 2013), el feminismo actual enfrenta el reto de combatir no solo el patriarcado, sino también el capitalismo neoliberal que co-opta las demandas feministas para integrarlas en una lógica de mercado. El feminismo del siglo XXI, entonces, no solo se preocupa por la igualdad de género en términos tradicionales, sino que también aborda cómo el género interactúa con otras formas de opresión, como la raza y la clase social, en lo que se ha denominado la «interseccionalidad» (Crenshaw, 1989).

Otro ejemplo es el veganismo, que ha trascendido su origen como una simple elección dietética para convertirse en una filosofía de vida que aboga por la eliminación de la explotación animal en todas sus formas. Este movimiento ha ganado terreno no solo entre aquellos preocupados por los derechos de los animales, sino también entre los defensores del medio ambiente y la justicia social. Melanie Joy, en su obra *Why We Love Dogs, Eat Pigs, and Wear Cows* (2010), argumenta que el veganismo desafía el «carnismo», una ideología dominante que justifica el consumo de productos animales mediante una serie de mitos culturales que deshumanizan a los animales y perpetúan la explotación.

El ascenso de estas ideologías modernas refleja una demanda social de cambio, pero también una resistencia frente a los sistemas de opresión que han dominado la historia humana. En este contexto, la globalización ha jugado un papel clave al conectar a individuos y colectivos en una red global de intercambio de ideas, facilitando la organización de movimientos que antes estaban confinados a contextos locales.

1.2. El impacto social y mediático

El papel de los medios de comunicación y, en especial, de las redes sociales en la difusión y expansión de las nuevas corrientes ideológicas ha sido determinante. Nunca antes había existido una plataforma tan poderosa para la diseminación de ideas, la movilización de activistas y la construcción de comunidades en torno a un objetivo común. Movimientos como #MeToo y Black Lives Matter han utilizado las redes sociales para visibilizar problemáticas históricamente ignoradas o minimizadas por los medios tradicionales, y lo han hecho con un éxito que habría sido impensable en el pasado.

Clay Shirky, en su obra *Here Comes Everybody* (2008), sostiene que las redes sociales han permitido una «democratización de la comunicación», donde los individuos, en lugar de ser meros receptores de información, pueden convertirse en emisores de contenido y organizarse en torno a causas comunes. Este fenómeno ha sido particularmente evidente en el caso de las nuevas corrientes ideológicas, que han encontrado en plataformas como Twitter, Instagram y YouTube un espacio para difundir sus mensajes y construir movimientos globales.

El impacto mediático del feminismo, el veganismo y otras corrientes ideológicas también se ha reflejado en el ámbito de la cultura popular. Grandes marcas y corporaciones han adoptado el discurso del feminismo y la sostenibilidad como parte de sus estrategias de marketing, lo que ha generado tanto aceptación como críticas. Mientras algunos celebran la creciente visibilidad de estos movimientos, otros, como Sarah Banet-Weiser (*Empowered: Popular Feminism and Popular Misogyny* , 2018), advierten sobre el peligro de la «mercantilización del feminismo», en la que los valores feministas son cooptados por el capitalismo para vender productos, vaciándolos de su contenido político y transformándolos en una mera moda.

Este impacto mediático ha generado una rápida expansión y aceptación de ciertos valores asociados a estas ideologías, pero también ha provocado resistencias y tensiones. Los medios de comunicación, a menudo sensacionalistas, han jugado un papel dual: mientras algunos han amplificado las demandas de estos movimientos, otros han fomentado una contranarrativa que los presenta como amenazas a la estabilidad social. Esto ha dado lugar a un clima de creciente polarización, donde el diálogo parece cada vez más difícil.

1.3. La polarización del pensamiento crítico

Uno de los efectos más preocupantes del auge de las nuevas corrientes ideológicas ha sido la polarización del pensamiento crítico. En lugar de fomentar un diálogo abierto y pluralista, muchas de estas ideologías han sido interpretadas como posturas radicales que no dejan espacio para el desacuerdo. Este fenómeno ha sido analizado por diversos teóricos, como Cass Sunstein, quien en su obra *#Republic: Divided Democracy in the Age of Social Media* (2017) sostiene que las redes sociales han contribuido a la creación de «cámaras de eco», donde los Los usuarios solo son expuestos a ideas que confirman sus creencias preexistentes.

Esta tendencia ha debilitado el pensamiento crítico, ya que ha dificultado la posibilidad de un debate constructivo. En lugar de buscar comprender las complejidades de los problemas abordados por movimientos como el feminismo o el veganismo, muchos sectores de la sociedad han optado por simplificar estos debates en términos de «a favor» o «en contra», sin matices ni espacio para el análisis profundo. La filósofa Martha Nussbaum, en su obra *Anger and Forgiveness* (2016), advierte sobre los peligros de un discurso polarizado, donde el resentimiento y la ira sustituyen a la reflexión crítica y el diálogo.

En este contexto, es fundamental recuperar el valor del pensamiento crítico y la capacidad de disentir sin que ello implique una condena moral o social. La polarización ideológica no solo fragmenta a la sociedad, sino que también empobrece el debate, impidiendo la posibilidad de encontrar soluciones reales a los problemas que estas ideologías buscan abordar.

El ascenso de las nuevas corrientes ideológicas en el siglo XXI ha transformado el panorama social y político de manera profunda. Movimientos como el feminismo y el veganismo han desafiado las normas tradicionales, proponiendo una nueva forma de entender la justicia social, el bienestar animal y la equidad de género. Sin embargo, el impacto de estos movimientos en los medios y su creciente polarización han planteado desafíos importantes para el pensamiento crítico y el diálogo democrático.

2. VEGANISMO: MITOS Y REALIDADES

El veganismo es más que una dieta; es un fenómeno social, moral y ambiental que ha evolucionado notablemente en las últimas décadas. Mientras que algunos lo ven como una solución a los problemas éticos y ambientales del mundo moderno, otros lo critican como una tendencia pasajera o impracticable a largo plazo. Este capítulo explora los mitos y realidades del veganismo desde una perspectiva histórica, de salud, ética, ambiental y social, apoyándose en investigaciones científicas y reflexiones filosóficas.

2.1. Orígenes del veganismo en la cultura moderna

El veganismo, tal como lo conocemos hoy, tiene sus raíces en el movimiento vegetariano del siglo XIX, particularmente en el Reino Unido y Estados Unidos. El término «veganismo» fue acuñado por Donald Watson en 1944 cuando fundó la Vegan Society. En su boletín inaugural, Watson define el veganismo como "la doctrina según la cual el hombre debería vivir sin explotar a los animales" (Watson, 1944).

Sin embargo, las ideas que subyacen al veganismo moderno están vinculadas a tradiciones filosóficas más antiguas. En la India, el jainismo ha promovido durante siglos la no violencia (ahimsa) hacia todos los seres vivos, evitando productos animales como parte de un principio religioso. Además, figuras filosóficas occidentales, como el filósofo griego Pitágoras, también defendían una dieta sin carne, argumentando que la abstención de alimentos de origen animal contribuía a una vida más ética y pura.

El auge del veganismo en la cultura contemporánea puede vincularse a movimientos sociales como el ecologismo, el feminismo y los derechos de los animales, todos los cuales comparten preocupaciones sobre la justicia, la sostenibilidad y el respeto por los seres vivos. Según el informe de *The Vegan Society* (2018), el número de veganos en el Reino Unido aumentó en un 300 % entre 2014 y 2018, reflejando una tendencia global de crecimiento.

2.2. La salud y el veganismo: ¿un equilibrio posible?

El debate sobre si una dieta vegana puede ser equilibrada desde el punto de vista nutricional ha sido uno de los más acalorados. Según la Academia de Nutrición y Dietética de Estados Unidos, "las dietas vegetarianas y veganas bien planificadas son saludables, nutricionalmente adecuadas y pueden proporcionar beneficios para la salud en la prevención y el tratamiento de ciertas enfermedades» (*Journal of the* Academy of Nutrition and Dietetics , 2016). Sin embargo, esta afirmación depende de una planificación cuidadosa para evitar deficiencias nutricionales clave.

Uno de los puntos más controvertidos es la vitamina B12, que se encuentra casi exclusivamente en productos de origen animal. La deficiencia de esta vitamina puede provocar problemas neurológicos graves y anemia megaloblástica. Según el Instituto Nacional de Salud de los Estados Unidos, las personas que siguen una dieta vegana deben recurrir a suplementos o alimentos fortificados para asegurar una ingesta adecuada de esta vitamina (NIH, 2020).

Además, el hierro, aunque está presente en muchas fuentes vegetales, es menos biodisponible que el hierro hemo que se encuentra en productos animales. Las investigaciones sugieren que la inclusión de alimentos ricos en vitamina C en la dieta vegana puede mejorar la absorción de hierro no hemo (Li, 2019). Otros nutrientes que requieren atención especial en la dieta vegana incluyen el calcio, los ácidos grasos omega-3 y el zinc.

Un estudio reciente publicado en *The Lancet* (2019) concluyó que las dietas basadas en plantas, si se gestionan adecuadamente, pueden reducir el riesgo de enfermedades crónicas como la diabetes tipo 2, la hipertensión y las enfermedades cardíacas. Sin embargo, los críticos señalan que la mayoría de los estudios que respaldan los beneficios para la salud del veganismo se basan en poblaciones vegetarianas, y no exclusivamente veganas, lo que deja espacio para más investigación en este campo.

2.3. El argumento moral y la paradoja de la compasión

El argumento ético a favor del veganismo está centrado en la idea de que los animales tienen derechos y que la explotación animal es inherentemente inmoral. La filósofa australiana Peter Singer, en su influyente libro *Animal Liberation* (1975), sostiene que el sufrimiento de los animales debe ser tomado en serio y que no hay justificación moral para tratarlos como recursos al servicio de los humanos. Singer argumenta que «el principio de igualdad exige que el sufrimiento de los animales sea considerado al mismo nivel que el sufrimiento humano» (Singer, 1975, p. 55).

Sin embargo, este enfoque ético plantea preguntas sobre las implicaciones prácticas del veganismo en un mundo interconectado. La paradoja de la compasión se manifiesta cuando se considera que incluso una dieta vegana puede tener consecuencias indirectas sobre la fauna silvestre, como la destrucción de hábitats debido a la agricultura intensiva. Un estudio de la Universidad de Oxford (Poore & Nemecek, 2018) muestra que, si bien la producción de carne es responsable de la mayoría de las emisiones de gases de efecto invernadero en la agricultura, algunos cultivos intensivos como el aguacate o la soja también tienen un impacto significativo en la deforestación.

En este contexto, algunos filósofos contemporáneos, como Tom Regan, sostienen que es imposible vivir sin causar ningún tipo de sufrimiento, pero que el veganismo sigue siendo el camino ético más coherente para minimizar el daño (Regan, 1983). La reflexión moral sobre el veganismo requiere equilibrar ideales éticos con las complejidades del mundo real.

2.4. El impacto ambiental: ¿salvadores o destructores?

El impacto ambiental del veganismo ha sido una de las razones clave para su creciente popularidad, especialmente a medida que la crisis climática se agrava. Los defensores del veganismo argumentan que reducir el consumo de carne y productos lácteos es una de las formas más efectivas de reducir la huella ecológica personal. Según un estudio de Poore y Nemecek (2018) en *Science*, adoptar una dieta vegana podría reducir las emisiones individuales de gases de efecto invernadero en hasta un 73 %.

Sin embargo, el impacto ambiental del veganismo no está exento de críticas. La agricultura vegana también tiene sus propios desafíos, como la sobreexplotación de la tierra, el uso intensivo de agua y la destrucción de hábitats para monocultivos como la soja o la quinua. De hecho, el 90% de la producción mundial de soja se utiliza para alimentar ganado, pero una fracción significativa también se destina al consumo humano y a productos alimentarios procesados para veganos.

Para que el veganismo sea verdaderamente sostenible, es esencial implementar prácticas agrícolas responsables y locales. Según la FAO (2020), una combinación de agroecología y reducción del desperdicio alimentario podría ayudar a mitigar muchos de los problemas ambientales asociados tanto a la producción de carne como de cultivos intensivos.

2.5. El veganismo como identidad social

En los últimos años, el veganismo ha trascendido su dimensión dietética para convertirse en una identidad social. Esta identidad está vinculada no solo a la elección personal de evitar productos de origen animal, sino también a una filosofía de vida que aboga por la justicia social, el respeto por los animales y la sostenibilidad ambiental. El sociólogo Richard Twine (2017) describe el veganismo como un «marco moral en el que el individuo construye su identidad en relación con valores de justicia y no violencia» (*Veganism and the Environment* , 2017).

Sin embargo, esta identidad también ha generado tensiones sociales. Algunos críticos argumentan que el veganismo, al volverse una etiqueta cultural, ha dado lugar a una forma de elitismo moral. La escritora Joan Donovan (2019) advierte que el veganismo puede excluir a personas de bajos recursos, quienes tienen menos acceso a alimentos frescos y gastables, y generar una «guerra cultural» sobre lo que constituye una dieta ética y sostenible.

A pesar de estos desafíos, el veganismo sigue atrayendo a personas de todas las clases sociales y ha ganado una presencia significativa en el activismo juvenil y en movimientos interseccionales, como el feminismo, el antirracismo y el ecologismo. Como señala Carol J. Adams (1990) en *The Sexual Politics of Meat*, «el veganismo se sitúa en la intersección de las luchas por los derechos de los animales, los derechos de las mujeres y la justicia ambiental».

3. FEMINISMO: ENTRE LA IGUALDAD Y EL EXTREMISMO

El feminismo ha sido un motor de cambio social desde el siglo XIX, luchando por la igualdad de derechos entre hombres y mujeres. Sin embargo, en las últimas décadas, el movimiento ha sufrido transformaciones profundas, dando lugar a nuevas olas y corrientes que redefinen los principios de igualdad y justicia. Este capítulo explora la historia del feminismo, sus implicaciones en la relación entre géneros, las tensiones emergentes entre la igualdad y el extremismo, así como las contradicciones del feminismo moderno en la búsqueda de una sociedad más equitativa.

3.1. Breve historia del feminismo: desde sus inicios hasta hoy

El feminismo, como movimiento organizado, surgió en Europa a finales del siglo XIX, pero sus raíces se pueden rastrear a través de figuras precursoras como Mary Wollstonecraft, quien en su obra *Vindicación de los derechos de la mujer* (1792) abogó por la educación de las mujeres y su integración en la esfera pública. Sin embargo, es en el siglo XIX cuando las sufragistas, principalmente en Estados Unidos y Reino Unido, lucharon por el derecho al voto, culminando en una serie de avances legales y sociales que sentaron las bases para las futuras olas feministas.

La primera ola del feminismo, que abarca desde mediados del siglo XIX hasta principios del XX, se centró en la lucha por derechos civiles y políticos básicos, como el derecho al voto y la propiedad. La segunda ola, que surgió en las décadas de 1960 y 1970, amplió las demandas para incluir la igualdad de oportunidades en el trabajo, el acceso a la educación y los derechos reproductivos. Fue en este momento cuando la teórica feminista Betty Friedan publicó *The Feminine Mystique* (1963), denunciando el papel restrictivo de la mujer en la sociedad post-bélica y generando una conciencia crítica sobre la desigualdad de género en el ámbito doméstico y laboral.

En la actualidad, el feminismo se enfrenta a una realidad diversa y fragmentada, marcada por la intersección de raza, clase, orientación sexual y otras identidades, lo que ha dado lugar a nuevas definiciones y divisiones dentro del movimiento.

3.2. Feminismo de tercera y cuarta ola: nuevas definiciones de igualdad

El feminismo de la tercera ola, que surgió en la década de 1990, trajo consigo una crítica al feminismo hegemónico de la segunda ola, enfocada en las experiencias de mujeres blancas de clase media, ignorando las diferencias de raza, clase y sexualidad. Esta nueva ola fue influenciada por la obra de autoras como Bell Hooks, quien en su libro *Feminist Theory: From Margin to Center* (1984) subraya la necesidad de un feminismo inclusivo que abarque las diversas realidades de las mujeres no blancas y de bajos recursos. En este sentido, la tercera ola fue marcada por un enfoque interseccional, un término acuñado por la jurista Kimberlé Crenshaw en 1989, que reconoce que las opresiones de género, raza y clase están entrelazadas y no pueden ser abordadas de forma aislada.

Por otro lado, la cuarta ola feminista, que comenzó alrededor de 2010, se ha caracterizado por un uso intensivo de las redes sociales y las plataformas digitales para movilizar a activistas de todo el mundo. Movimientos como #MeToo, iniciado por Tarana Burke en 2006 y que cobró impulso en 2017, han visibilizado la violencia de género y el acoso sexual a nivel global. Este feminismo digital también ha puesto sobre la mesa el concepto de «cultura de la cancelación», que ha suscitado críticas tanto dentro como fuera del movimiento por su enfoque punitivo hacia figuras públicas acusadas de machismo o abuso.

A medida que el feminismo continúa evolucionando, las definiciones de igualdad se amplían para incluir no solo la equidad entre géneros, sino también la justicia para todas las identidades marginadas, lo que ha generado tensiones y críticas tanto internas como externas al movimiento.

3.3. La mujer frente al hombre: ¿opresión o conflicto de roles?

Una de las cuestiones más debatidas en el feminismo contemporáneo es la relación entre la mujer y el hombre en una sociedad patriarcal. Simone de Beauvoir, en su obra seminal *El segundo sexo* (1949), describió cómo las mujeres han sido históricamente construidas como «el otro», en oposición al hombre, el sujeto universal. De Beauvoir argumentó que la opresión de la mujer no era una simple desigualdad legal o política, sino una construcción social que relegaba a las mujeres a roles subordinados en la familia y la sociedad.

Sin embargo, en la actualidad, algunos críticos argumentan que las nociones tradicionales de opresión de género deben ser revisadas a la luz de los cambios sociales que han llevado a una mayor participación femenina en esferas públicas como la política y el mercado laboral. Según cifras de la Organización Internacional del Trabajo (OIT, 2019), la participación de las mujeres en la fuerza laboral mundial ha aumentado al 48,5 % en comparación con el 26 % en 1950. No obstante, las mujeres continúan enfrentando barreras significativas, como la brecha salarial de género, que según datos del *Foro Económico Mundial* (2020), tardará 257 años en cerrarse completamente si no se implementan políticas activas.

Algunos sectores dentro del feminismo contemporáneo sostienen que el conflicto de roles entre hombres y mujeres no se basa únicamente en la opresión patriarcal, sino en la construcción de expectativas sociales rígidas tanto para hombres como para mujeres. Esto ha dado lugar a debates sobre nuevas masculinidades y el papel de los hombres en la lucha feminista. Autores como Michael Kimmel (2017) en *Angry White Men* sostienen que muchos hombres experimentan una «crisis de identidad» en un mundo donde los roles de género tradicionales están siendo desafiados.

3.4. El feminismo y el discurso de género: ¿una nueva división social?

En las últimas décadas, el feminismo se ha expandido para incluir un enfoque crítico hacia las normas de género tradicionales, lo que ha provocado que el discurso de género se convierta en uno de los temas más divisivos. El feminismo de cuarta ola se caracteriza por su apoyo a la diversidad de identidades de género y la defensa de los derechos de las personas transgénero, lo que ha generado debates sobre las fronteras del género y su relación con el feminismo.

Judith Butler, en su obra *Gender Trouble* (1990), argumentó que el género no es una realidad biológica inmutable, sino una construcción social y performativa. Esta idea ha sido clave en la teoría queer y ha influido de la manera en que el feminismo contemporáneo aborda las cuestiones de identidad. Sin embargo, algunos sectores del feminismo, autodenominados «feministas radicales», han expresado su preocupación por el impacto del activismo transgénero en la lucha feminista. Según estos grupos, conocidos como TERF (Feministas Radicales Trans-Exclusionarias), el reconocimiento legal de las identidades transgénero podría socavar los derechos basados en el sexo biológico, especialmente en ámbitos como los deportes y los espacios segregados por género.

Este conflicto ha generado divisiones significativas dentro del feminismo contemporáneo y ha llevado a un debate más amplio sobre si el feminismo y el discurso de género han creado nuevas divisiones sociales, especialmente en temas relacionados con la biología, la identidad y la política de la diferencia.

3.5. Retos y contradicciones del feminismo moderno

El feminismo moderno enfrenta una serie de retos y contradicciones internas que complican su avance hacia la igualdad. Uno de los principales desafíos es la fragmentación del movimiento, que ha dado lugar a una multitud de corrientes a menudo en conflicto. La interseccionalidad, que originalmente pretendía unir diferentes formas de opresión, ha llevado a una diversificación de las luchas feministas que a veces parecen incompatibles entre sí. El feminismo de clase media, por ejemplo, no puede compartir las mismas prioridades que el feminismo indígena o el feminismo negro.

Otro reto importante es el riesgo de caer en el extremismo ideológico, una acusación que algunos críticos han lanzado contra sectores del feminismo que promueven una confrontación directa con el sistema patriarcal, a menudo sin considerar las complejidades socioeconómicas y culturales de las diferentes sociedades. Según Angela McRobbie, en *The Aftermath of Feminism* (2008), este tipo de extremismo puede alienar a potenciales aliados y socavar los logros del feminismo, especialmente en un contexto de creciente polarización política y cultural.

Finalmente, el feminismo enfrenta el reto de mantenerse relevante en una era en la que la igualdad de derechos formales ha sido alcanzada en muchos países, pero las desigualdades estructurales persisten. La feminista Nancy Fraser (2013) sostiene que el feminismo debe reenfocar su atención en la justicia económica y social, argumentando que «el feminismo neoliberal» ha sido cooptado por el capitalismo para promover una idea limitada de «igualdad», que ignora los problemas de clase y la explotación económica.

El feminismo moderno es un campo complejo y dinámico, con logros históricos que han transformado la sociedad, pero también con retos significativos que deben ser abordados si el movimiento quiere seguir siendo una fuerza efectiva para el cambio social. Las tensiones entre igualdad y extremismo, opresión y roles de género, así como las divisiones internas sobre el discurso de género, presentan desafíos cruciales.

4. INTERSECCIONALIDAD: CUANDO LAS CAUSAS CONVERGEN

La interseccionalidad se ha convertido en un pilar fundamental para entender las dinámicas de poder y opresión en la sociedad moderna. Este concepto ha redefinido cómo se abordan las luchas sociales, revelando que no se puede analizar la discriminación desde una sola perspectiva, sino que es necesario tener en cuenta las Múltiples identidades que se intersectan en la vida de cada persona. Este capítulo profundiza en cómo la interseccionalidad afecta a las ideologías actuales, explora la interconexión entre movimientos como el veganismo y el feminismo, y analiza el peligro de confundir derechos con privilegios y el dilema del purismo ideológico en los movimientos sociales contemporáneos.

4.1. Qué es la interseccionalidad y cómo afecta las ideologías actuales

La interseccionalidad fue introducida por Kimberlé Crenshaw en 1989, en su artículo *Demarginalizing the Intersection of Race and Sex* . Crenshaw desarrolló esta teoría para explicar cómo los sistemas de opresión, como el racismo, el sexismo y la discriminación de clase, interactúan y afectan de manera diferente a las personas que pertenecen a múltiples grupos marginados. Como ella misma señaló: "Las formas en que las estructuras de poder y opresión convergen crean experiencias específicas que no pueden ser comprendidas únicamente a través de una sola categoría" (Crenshaw, 1989).

Históricamente, los movimientos sociales han tendido a centrarse en una única forma de opresión. El feminismo de las primeras olas, por ejemplo, fue criticado por enfocarse exclusivamente en las experiencias de las mujeres blancas de clase media, dejando de lado las vivencias de las mujeres negras, indígenas o trabajadoras. En su obra *Women, Race & Class* (1981), Angela Davis critica cómo el feminismo tradicional ignoraba las realidades de las mujeres de color, cuyas luchas estaban inextricablemente ligadas a su raza y clase social. Este vacío fue abordado con el desarrollo de la interseccionalidad, lo que permitió un enfoque más inclusivo dentro del feminismo y otras luchas sociales.

Hoy, la interseccionalidad ha influido profundamente en las ideologías contemporáneas. Movimientos como el feminismo, el antirracismo, el veganismo, el ecologismo y los derechos LGBTQ+ han adoptado un enfoque interseccional que reconoce que la opresión no se puede abordar de manera efectiva sin tener en cuenta las múltiples capas que componen la identidad de una persona. Como explica Patricia Hill Collins en su obra *Black Feminist Thought* (1990), la interseccionalidad nos proporciona una "lente teórica que permite visibilizar las conexiones entre los sistemas de dominación" (Collins, 1990).

Este enfoque interseccional ha afectado profundamente las ideologías políticas y sociales, especialmente en los movimientos juveniles contemporáneos, donde se observa una mayor interconexión entre diferentes causas. Un ejemplo es el movimiento por la justicia climática, que reconoce que el cambio climático afecta de manera desproporcionada a las comunidades marginadas, lo que requiere soluciones que no solo sean ecológicas, sino también justas desde el punto de vista social y racial.

4.2. El cruce entre veganismo, feminismo y otras luchas

Uno de los mayores aportes de la interseccionalidad ha sido su capacidad para unificar diferentes luchas bajo un mismo marco teórico. El veganismo y el feminismo, por ejemplo, han encontrado puntos de confluencia gracias a este enfoque. Ambos movimientos cuestionan las estructuras de poder que permiten la explotación de los cuerpos, ya sean humanos o animales, y buscan desmantelar sistemas de opresión compartidos, como el patriarcado y el capitalismo.

En su influyente obra *The Sexual Politics of Meat* (1990), Carol J. Adams argumenta que la explotación de los animales en la industria alimentaria está profundamente ligada a las dinámicas de género. Adams sostiene que el consumo de carne no solo es un acto de dominación masculina, sino que también refuerza las estructuras patriarcales que subyugan tanto a las mujeres como a los animales. "La carne es un símbolo de poder masculino, y su consumo actúa como un recordatorio de las jerarquías que subyugan tanto a los cuerpos femeninos como a los cuerpos animales" (Adams, 1990). Este tipo de análisis interseccional ha sido fundamental para ampliar el activismo feminista hacia la defensa de los derechos animales.

El cruce entre veganismo y feminismo no es el único ejemplo de cómo las luchas sociales convergen bajo el prisma de la interseccionalidad. En el ámbito del ecologismo, autoras como Vandana Shiva han destacado cómo la explotación de la naturaleza y la opresión de las mujeres están vinculadas. En *Staying Alive*

(1988), Shiva argumenta que la destrucción ambiental y la marginación de las mujeres, especialmente en las comunidades rurales del Sur Global, son dos manifestaciones del mismo sistema de dominación capitalista. Según Shiva, "la explotación de la tierra y la explotación de las mujeres son dos caras de la misma moneda: el colonialismo y el capitalismo que priorizan el lucro sobre la vida" (Shiva, 1988).

En este contexto, las luchas por la justicia social no pueden considerarse de manera aislada. La interseccionalidad nos obliga a ver cómo todas las formas de explotación y opresión están interconectadas, ya comprender que no es posible luchar por la liberación de un grupo sin atender a las luchas de los demás.

4.3. La confusión entre derechos y privilegios

Un problema persistente en los debates contemporáneos sobre justicia social es la confusión entre derechos y privilegios. A medida que los movimientos interseccionales han ganado fuerza y han logrado avances significativos en la lucha por la igualdad, algunos sectores de la población han interpretado estos avances como una amenaza a su estatus o como una «pérdida» de derechos, cuando en realidad lo que se cuestiona es su privilegio.

Iris Marion Young, en *Justice and the Politics of Difference* (1990), explica cómo los grupos que históricamente han estado en posiciones de poder a menudo experimentan los avances de los grupos marginados como una amenaza. Según Young, esto ocurre porque "los privilegios no son entendidos como cuentos por aquellos que los poseen, y su redistribución es percibida como una pérdida de derechos" (Young, 1990). Este fenómeno es evidente en debates como los derechos LGBTQ+, donde la igualdad en el matrimonio ha sido criticada por algunos sectores conservadores bajo el argumento de que "degrada" la institución del matrimonio.

Un claro ejemplo de esta confusión entre derechos y privilegios es el debate sobre la igualdad de género en el ámbito laboral. Mientras que las mujeres continúan luchando por la igualdad salarial y las mismas oportunidades que los hombres, algunos sectores perciben estos avances como una amenaza al statu quo. Según el informe de la Organización Internacional del Trabajo (OIT, 2020), la brecha salarial de género a nivel mundial es del 20 %, lo que refleja que, a pesar de los avances, las mujeres siguen siendo sistemáticamente remuneradas menos que los hombres por trabajos de igual valor.

La interseccionalidad nos ayuda a comprender que los privilegios no se pierden cuando se extienden los derechos, sino que se redistribuyen de manera más equitativa. Al abordar las desigualdades desde esta perspectiva, los movimientos sociales interseccionales pueden desmantelar las estructuras que perpetúan la opresión, permitiendo una verdadera justicia social.

4.4. El dilema del purismo ideológico

Uno de los principales desafíos que enfrentan los movimientos interseccionales es el dilema del purismo ideológico. Este fenómeno ocurre cuando los movimientos sociales, al intentar mantener una coherencia ideológica estricta, excluyen a aquellos que no cumplen con todos los criterios establecidos, lo que puede generar divisiones y fracturas internas.

Nancy Fraser, en *Fortunes of Feminism* (2013), advierte sobre el peligro del purismo ideológico en los movimientos sociales. Según Fraser, "el feminismo y otros movimientos progresistas corren el riesgo de aislarse si se adhieren a una pureza ideológica que no deja espacio para las diferencias y contradicciones propias de cualquier lucha social" (Fraser, 2013). Este tipo de purismo puede ser contraproducente, ya que aliena a potenciales aliados que no cumplen con los estrictos estándares establecidos por el movimiento.

En el caso del veganismo, por ejemplo, algunos activistas exigen una adhesión absoluta a las normas veganas, ignorando las limitaciones económicas o culturales de ciertas poblaciones para seguir este estilo de vida. Este tipo de enfoque purista puede generar exclusión, ya que no todos tienen el mismo acceso a alimentos veganos, especialmente en comunidades de bajos ingresos o en países donde los productos de origen animal son una fuente vital de proteínas. Como señala Angela Davis, "la lucha por la justicia alimentaria no puede ser separada de la lucha por la justicia social, y es necesario reconocer que el veganismo no es accesible para todos" (Davis, 2016).

Otro ejemplo de purismo ideológico se observa en ciertos sectores del feminismo, donde las diferencias de enfoque sobre temas como la prostitución, la pornografía o los derechos transgénero han generado divisiones internas. Esta fragmentación puede debilitar el movimiento, ya que desvía la atención de los objetivos comunes y fomenta la exclusión de voces disidentes.

Para que los movimientos interseccionales sigan siendo efectivos, es necesario encontrar un equilibrio entre la coherencia ideológica y la inclusividad. Las luchas por la justicia social son inherentemente complejas y contradictorias, y requieren una flexibilidad que permita la participación de todas las personas comprometidas con el cambio.

La interseccionalidad se ha transformado la manera en que entendemos las luchas sociales contemporáneas, al revelar las conexiones entre múltiples formas de opresión y explotación. Movimientos como el feminismo, el veganismo y el ecologismo han adoptado este enfoque, reconociendo que las luchas por la justicia no pueden abordarse de manera aislada. Sin embargo, el desafío de la interseccionalidad también radica en evitar la confusión entre derechos y privilegios, y en manejar el dilema del purismo ideológico, que puede fragmentar los movimientos y limitar su eficacia. Solo a través de un enfoque inclusivo y flexible podremos avanzar hacia una verdadera justicia social, que abarque a todas las personas y todas las causas.

5. LA INFLUENCIA DE LAS REDES SOCIALES: ALTAVOZ O DISTORSIÓN

Las redes sociales se han transformado de la manera en que interactuamos, nos informamos y participamos en debates públicos y movimientos sociales. En la era digital, plataformas como Twitter, Instagram, Facebook y TikTok han proporcionado un altavoz sin precedentes para el activismo, permitiendo que causas antes marginadas se visibilicen y que las personas se conecten de manera global en torno a problemas sociales. Sin embargo, este nuevo espacio de participación también ha traído consigo desafíos importantes, como la propagación de noticias falsas, la creación de «ecocámaras» y la polarización del discurso. Este capítulo examina cómo las redes sociales han influido en el activismo y el debate público, explorando si se han convertido en un medio de transformación genuina o en una distorsión de las causas que representan.

5.1. Activismo online: ¿transformación o espectáculo?

El activismo online, también conocido como *clicktivismo*, ha permitido que millones de personas participen en movimientos sociales sin la necesidad de estar presente significativamente. Plataformas como Twitter o Instagram han hecho posible que las campañas de justicia social, desde #BlackLivesMatter hasta #MeToo, lleguen a millones de personas en cuestión de horas. Estas plataformas han democratizado el activismo, proporcionando un acceso sin precedentes a la difusión de mensajes y la organización de protestas.

No obstante, algunos críticos argumentan que el activismo online puede degenerar en un simple espectáculo, donde las personas participan superficialmente, a menudo sin un compromiso profundo con la causa que apoyan. Según Malcolm Gladwell, en su ensayo *Small Change* (2010), el activismo en redes sociales tiende a ser «débil» o superficial, en comparación con el activismo tradicional, que requiere un mayor sacrificio y participación personal: "El activismo de la era digital es activismo sin acción real, un clic para sentirse mejor" (Gladwell, 2010). Este tipo de «activismo de sofá» plantea preguntas sobre si las redes sociales realmente impulsan cambios estructurales o si simplemente permiten a los usuarios sentirse parte de una causa sin hacer un esfuerzo concreto.

Sin embargo, otros estudios sugieren que el activismo en línea puede complementar el activismo tradicional, ayudando a amplificar las voces de los grupos marginados y movilizar grandes cantidades de personas de manera rápida y eficiente. El sociólogo Zeynep Tufekci, en su obra *Twitter and Tear Gas: The Power and Fragility of Networked Protest* (2017), argumenta que las redes sociales pueden tener un impacto transformador cuando se combinan con estrategias de organización más tradicionales. Tufekci señala que "aunque las redes sociales facilitan la organización de protestas, el verdadero desafío radica en mantener la cohesión del movimiento más allá del impacto inmediato" (Tufekci, 2017).

5.2. *Fake news, ecocámaras y polarización en el debate público*

Uno de los aspectos más problemáticos del impacto de las redes sociales en el debate público es la proliferación de noticias falsas (*fake news*) y la creación de lo que se conoce como «ecocámaras». Estas son burbujas de información en las que las personas se exponen únicamente a opiniones y contenidos que confirman sus creencias preexistentes, reforzando sesgos y creando una percepción distorsionada de la realidad. Las redes sociales, a través de algoritmos que priorizan el contenido más atractivo para los usuarios, han facilitado la creación de estas ecocámaras, contribuyendo a la polarización política y social.

Un estudio de la Universidad de Stanford (Allcott & Gentzkow, 2017) concluyó que las noticias falsas en redes sociales tuvieron un impacto significativo en las elecciones presidenciales de Estados Unidos en 2016. Según el estudio, "la capacidad de las *fake news* para distorsionar el debate público y confundir a los votantes es una amenaza para la democracia" (Allcott & Gentzkow, 2017). Esta investigación pone de relieve cómo las redes sociales pueden amplificar información errónea de manera rápida y masiva, afectando decisiones políticas y sociales cruciales.

Además, el concepto de «ecocámaras» plantea una preocupación adicional sobre la fragmentación del debate público. Las personas tienden a seguir a otros usuarios que comparten sus opiniones, lo que reduce la exposición a puntos de vista alternativos y fuertes.

5.3. La generación de contenido ideológico: influencers y expertos

Otro aspecto crucial del impacto de las redes sociales es la manera en que se genera y difunde el contenido ideológico. Los influencers han ganado una influencia considerable en el ámbito de las redes sociales, a menudo eclipsando a los expertos tradicionales en debates sobre temas como el feminismo, el veganismo y los derechos humanos. Estos influencers, que suelen tener millones de seguidores, son capaces de moldear

Este fenómeno plantea preguntas sobre la autoridad y el conocimiento. Mientras que los expertos tradicionales, como académicos y periodistas, están sujetos a criterios rigurosos de verificación y ética profesional, los influencers no siempre tienen que cumplir con esos estándares. Un informe de la *Digital, Culture, Media and Sport Committee* del Parlamento Británico (2019) destacó que la falta de regulación sobre los influencers crea un vacío en el que "la opinión y la información se mezclan de maneras que a menudo confunden a los usuarios , generando una falsa percepción de autoridad» (Parli

No obstante, los influencers también han jugado un papel importante en la popularización de movimientos sociales y en la difusión de ideologías progresistas. Movimientos como el veganismo, por ejemplo, han ganado una audiencia masiva a través de influencers que promueven este estilo de vida.

5.4. Consecuencias psicológicas del ciberactivismo

El activismo en redes sociales, aunque puede tener un impacto positivo al permitir la participación global, también tiene consecuencias psicológicas significativas. Uno de los fenómenos más preocupantes es el agotación emocional (*burnout*) que experimentan muchos activistas online. Al estar expuestos constantemente a información sobre injusticias, violencia y sufrimiento, algunos activistas desarrollan una forma de ago

En un estudio realizado por la Universidad de Northwestern (2018), se encontró que los activistas en línea que estaban constantemente inv

Otro aspecto negativo del ciberactivismo es la constante exposición al conflicto y la hostilidad online. Los ataques personales y las agresiones verbales son comunes en plataformas como Twitter, lo que puede aumentar los niveles de ansiedad y hacer que las personas se sientan atacadas o perseguidas. Esto también ha dado lugar a una forma de activismo reactivo, donde la lucha por las causas sociales se convierte en una guerra de agresiones y cancelaciones, más que en un debate constructivo.

Las redes sociales han amplificado las voces de millones de personas en todo el mundo, permitiendo que los movimientos sociales y las causas antes marginadas adquieran una visibilidad sin precedentes. Sin embargo, también han distorsionado el debate público al propagar noticias falsas, crear ecocámaras y polarizar a los usuarios. Además, la creciente influencia de los influencers y la generación de contenido ideológico superficial plantea interrogantes sobre la calidad del discurso. Por último, las consecuencias psicológicas del ciberactivismo subrayan la necesidad de encontrar un equilibrio entre el activismo online y el bienestar emocional. Las redes sociales, como altavoz, tienen un potencial inmenso, pero también requieren un uso crítico y consciente.

6. LA CULTURA DE LA CANCELACIÓN: ¿UNA HERRAMIENTA DE CAMBIO O CENSURA?

6.1. ¿Qué es la cultura de la cancelación? Orígenes y evolución

El término «cultura de la cancelación» *se* refiere al fenómeno por el cual una persona o entidad es rechazada o boicoteada públicamente debido a comportamientos, comentarios o acciones que se consideran ofensivos o inaceptables. Aunque el concepto de castigar públicamente a aquellos que transgreden normas sociales no es nuevo —con precedentes en prácticas como el ostracismo en la antigua Grecia o los boicots económicos en épocas recientes—, la cultura de la cancelación tal como la entendemos hoy surgió y ganó fuerza. con la proliferación de las redes sociales.

El filósofo social Ross Douthat, en su ensayo *The Rise of Cancel Culture* (2020), identifica el momento en que la cultura de la cancelación adquirió prominencia en la esfera pública: "Lo que antes era una herramienta de los activistas para llamar la atención sobre injusticias sociales ahora se ha convertido en una forma de justicia punitiva instantánea, donde no solo se busca denunciar la conducta, sino eliminar a los individuos de la conversación pública" (Doutthat, 2020).

Inicialmente, la cancelación fue vista como una forma legítima de responsabilizar a las personas por comportamientos racistas, sexistas o de cualquier otra índole opresiva. Los movimientos como #MeToo, que expusieron los abusos de poder en la industria del entretenimiento y en otros sectores, utilizaron las redes sociales para denunciar públicamente a figuras poderosas, generando un cambio significativo en la percepción del acoso sexual y la impunidad. Sin embargo, el uso de la cancelación se ha extendido a una variedad de situaciones, lo que ha generado un debate sobre si esta práctica realmente fomenta la justicia o si, en algunos casos, simplemente se ha convertido en un linchamiento digital.

6.2. La línea fina entre libertad de expresión y censura.

Uno de los debates más candentes en torno a la cultura de la cancelación es el delicado equilibrio entre la libertad de expresión y la censura. Los defensores de la cancelación sostienen que esta práctica es una forma de responsabilidad social. Sostienen que la libertad de expresión no es absoluta, y que las personas deben ser responsables de sus palabras y acciones, especialmente cuando estas perpetúan la discriminación, el odio o el abuso de poder. Como argumenta la escritora Roxane Gay en su ensayo *Not Here to Make Friends* (2015), «la cancelación no es censura, sino una respuesta legítima a comportamientos que durante demasiado tiempo se han pasado por alto o aceptado» (Gay, 2015).

Sin embargo, los críticos de la cultura de la cancelación argumentan que esta práctica puede llevar a una censura de facto, donde las personas temen expresar opiniones impopulares o controversiales por miedo a ser «canceladas». Este fenómeno es especialmente preocupante en los ámbitos académico y profesional, donde el temor a las represalias puede limitar la libertad de pensamiento y el debate abierto. El académico estadounidense Jonathan Haidt ha escrito extensamente sobre cómo la cultura de la cancelación ha afectado a las universidades, señalando que «el miedo a la represalia está llevando a la autocensura entre estudiantes y profesores, lo que amenaza la misión central de las instituciones educativas: la búsqueda del conocimiento" (Haidt, 2018).

El sociólogo Frank Furedi, en su obra *¿Qué pasó con la Universidad?* (2016), sostiene que la cancelación ha creado una «cultura del silencio» en la que las personas evitan participar en debates complejos por miedo a ser estigmatizadas. Según Furedi, «el aumento de las cancelaciones ha generado un ambiente donde se penalizan las opiniones disidentes y se promueve la conformidad intelectual» (Furedi, 2016).

6.3. Impactos en la vida pública, profesional y académica

La cultura de la cancelación ha tenido un impacto significativo en diversas esferas de la vida pública, desde el entretenimiento hasta el mundo académico y profesional. En el ámbito del entretenimiento, numerosos actores, músicos y figuras públicas han sido cancelados por comportamientos pasados o presentes considerados ofensivos o inaceptables. La caída en desgracia de figuras como Kevin Spacey, acusado de múltiples casos de acoso sexual, es uno de los ejemplos más notorios de la cancelación en la era moderna. En su caso, la cancelación resultó en el fin abrupto de su carrera y en la eliminación de su presencia en proyectos ya finalizados, como su edición digital de *All the Money in the World* (2017).

En el ámbito académico, la cancelación ha afectado tanto a estudiantes como a profesores. Los docentes, en particular, se han enfrentado a cancelaciones debido a comentarios o publicaciones que se consideran inapropiadas. Un caso relevante fue el del profesor de derecho Nicholas Christakis, quien fue objeto de protestas estudiantiles en la Universidad de Yale tras una controversia sobre un correo electrónico relacionado con los disfraces de Halloween. Aunque Christakis finalmente no fue despedido, el incidente refleja cómo la cancelación puede tener repercusiones significativas en la carrera profesional de los académicos.

En el ámbito corporativo, la cultura de la cancelación también ha influido en cómo las empresas gestionan la reputación y las crisis públicas. Compañías como Starbucks, Nike o Gillette han sido blancas de campañas de cancelación debido a controversias relacionadas con sus productos o con declaraciones públicas de sus ejecutivos. Esto ha llevado a un fenómeno conocido como «cancelación preventiva», donde las empresas toman medidas proactivas para evitar ser blanco de críticas, adoptando posturas políticamente correctas o despidiendo empleados que podrían generar una reacción negativa en las redes sociales.

6.4. Consecuencias a largo plazo: ¿una sociedad más justa o más temerosa?

A largo plazo, la cultura de la cancelación plantea la pregunta de si estamos avanzando hacia una sociedad más justa o simplemente más temerosa. En un sentido, la cancelación ha permitido visibilizar y corregir injusticias que antes eran ignoradas. Los movimientos que han utilizado la cancelación como herramienta han generado cambios concretos en industrias enteras, desde la política hasta el entretenimiento, y han promovido un mayor grado de responsabilidad pública.

No obstante, algunos críticos sugieren que la cultura de la cancelación, al ser utilizada de manera indiscriminada, podría generar una sociedad más temerosa y autoritaria. La escritora estadounidense Bari Weiss, en su artículo *The New Puritans* (2021), argumenta que "la cancelación ha instaurado un nuevo puritanismo digital, donde los errores y las ofensas son castigados con una severidad desproporcionada, y las personas viven con el temor constante de ser expulsadas del ámbito público" (Weiss, 2021). Weiss advierte que esta cultura de miedo puede sofocar la creatividad y el progreso, al desalentar a las personas de tomar riesgos o expresar ideas innovadoras que podrían ser malinterpretadas.

Por otro lado, la cultura de la cancelación también plantea la cuestión de la proporcionalidad. En muchos casos, la cancelación ha resultado en la pérdida de empleos, la destrucción de reputaciones y el ostracismo social de personas por ofensas que, en un contexto más matizado, podrían ser resultados a través del diálogo o la rectificación. Esto ha llevado a algunos pensadores, como el historiador Niall Ferguson, a anunciar sobre los peligros de una «cultura de la venganza», en la que "la cancelación no es una búsqueda de justicia, sino una forma de castigo punitivo que refleja los peores". instintos del tribalismo humano" (Ferguson, 2020).

7. EL DESAFÍO DE LA DIVERSIDAD DE PENSAMIENTO

7.1. *La aceptación del disenso: ¿un valor en peligro?*

Uno de los mayores desafíos que enfrentan las sociedades democráticas es mantener la capacidad de aceptar el disenso y la diversidad de opiniones como parte integral del debate público. La libertad de expresión es un derecho humano fundamental, consagrado en la Declaración Universal de los Derechos Humanos (art. 19), pero en muchos espacios públicos, especialmente en las redes sociales y en ciertos movimientos sociales, el disenso es recibido con hostilidad, como si la diferencia de opinión fuera sinónimo de traición a la causa.

La escritora británica JK Rowling, en su ensayo *JK Rowling Writes about Her Reasons for Speaking Out on Sex and Gender Issues* (2020), reflexiona sobre cómo su postura crítica respecto a la ley de reconocimiento de género en el Reino Unido le valió crítica de transfobia , a pesar de que se autodenomina feminista y defensora de los derechos humanos. Rowling señala que «hemos llegado a un punto en que el disenso dentro del feminismo es percibido como una traición, y no como una oportunidad para el debate» (Rowling, 2020). Este ejemplo refleja una tendencia creciente a considerar el desacuerdo no como una oportunidad de enriquecimiento, sino como un obstáculo que debe ser eliminado.

Uno de los valores esenciales de cualquier sociedad abierta es la capacidad de escuchar, discutir y aprender de opiniones divergentes. Como argumenta John Stuart Mill en *Sobre la libertad* (1859), el debate y la confrontación de ideas son esenciales para llegar a la verdad y avanzar como sociedad. «Si la opinión es correcta, se nos priva de la oportunidad de intercambiar el error por la verdad; si es incorrecta, se pierde la percepción más clara y vívida de la verdad producida por su colisión con el error» (Mill, 1859). El peligro actual radica en la creciente presión por la conformidad ideológica, que amenaza con socavar esta capacidad crítica.

7.2. La homogeneización del pensamiento en los movimientos sociales.

Los movimientos sociales, que históricamente han sido motores de cambio y transformación, también enfrentan el desafío de evitar la homogeneización del pensamiento. Con el tiempo, algunos movimientos pueden adoptar una estructura jerárquica o dogmática que limita la posibilidad de una crítica interna o una pluralidad de opiniones.

Uno de los ejemplos más discutidos en la actualidad es el feminismo de cuarta ola. Aunque este movimiento ha sido inclusivo en muchos aspectos, promoviendo una visión interseccional del feminismo, también ha generado tensiones en torno a ciertas cuestiones, como el debate sobre los derechos trans o la prostitución. Dentro de algunas corrientes feministas, las personas que sostienen opiniones críticas sobre estos temas son a menudo etiquetadas como «no feministas», lo que provoca una exclusión del debate. Esto puede llevar a una visión simplificada y monolítica del movimiento, en la que no se permite cuestionar ciertos dogmas.

La socióloga Nancy Fraser, en su obra *Fortunes of Feminism* (2013), advierte sobre el peligro de una "dogmatización" dentro de los movimientos feministas, donde "la presión por la conformidad ideológica puede sofocar la capacidad de los movimientos sociales para adaptarse a nuevas realidades y mantener un espacio de debate constructivo" (Fraser, 2013). La homogeneización del pensamiento dentro de los movimientos sociales puede, por tanto, debilitar su capacidad transformadora, al rechazar la pluralidad de ideas y las críticas que podrían llevar a un progreso más inclusivo y sólido.

7.3. El diálogo como herramienta para la construcción social.

El diálogo es una herramienta fundamental en la construcción de una sociedad que valore la diversidad de pensamiento y promueva el respeto mutuo. El filósofo Jürgen Habermas, en su teoría de la acción comunicativa, defiende que el diálogo racional es la clave para la construcción de consensos democráticos: «Sólo a través de la deliberación y el intercambio de razones podemos llegar a una comprensión compartida que legitime las decisiones sociales» (Habermas, 1981).

El diálogo no implica la aceptación pasiva de todas las opiniones, sino la capacidad de escuchar activamente y de cuestionar críticamente las ideas. La filósofa Chantal Mouffe, en su libro *The Democratic Paradox* (2000), sostiene que la política democrática no es una cuestión de eliminación del conflicto, sino de cómo manejarlo de manera productiva. Para Mouffe, la «política agonística» reconoce que el disenso es inevitable y que las diferentes perspectivas deben ser confrontadas en lugar de suprimidas (Mouffe, 2000). Este enfoque agonístico es esencial para evitar la polarización y fomentar un espacio donde las diferencias puedan coexistir y, eventualmente, conducir a soluciones más inclusivas y equitativas.

Un ejemplo claro de la importancia del diálogo en los movimientos sociales es el debate sobre los derechos animales en el veganismo. Aunque el veganismo, en su versión más pura, aboga por la eliminación total del consumo de productos de origen animal, hay sectores que proponen enfoques más flexibles, como el «reducetarianismo», que promueve una reducción gradual en el consumo de carne. Este enfoque reconoce las dificultades que muchas personas enfrentan para adoptar una dieta completamente vegana. El diálogo entre ambos enfoques puede enriquecer el movimiento, en lugar de crear divisiones.

7.4. ¿Se puede ser feminista, vegana y crítica al mismo tiempo?

Una de las preguntas más relevantes en el contexto de la diversidad de pensamiento es si es posible sostener posturas críticas dentro de movimientos ideológicos establecidos, como el feminismo o el veganismo, sin ser percibido como un «traidor» a la causa. La respuesta, desde una perspectiva interseccional y plural, debería ser afirmativa: es fundamental poder integrar la crítica constructiva dentro de cualquier movimiento para garantizar su evolución y adaptación a nuevas realidades.

El veganismo, por ejemplo, a menudo es criticado por ignorar las diferencias culturales y económicas que hacen que adoptar una dieta vegana sea más o menos viable para diferentes grupos de personas. En lugar de ver estas críticas como un ataque, los movimientos sociales deben considerar estas reflexiones como una oportunidad para cuestionarse a sí mismos y volverse más inclusivos. El feminismo, de manera similar, ha sido criticado por no ser suficientemente interseccional en su enfoque, especialmente en lo que respeta a las mujeres de color, las mujeres trans o las trabajadoras sexuales. Integrar estas críticas es vital para que el movimiento continúe siendo relevante y justo.

La escritora Chimamanda Ngozi Adichie, en su ensayo *We Should All Be Feminists* (2014), hace un llamado a un feminismo que sea inclusivo y autocrítico, afirmando que «la capacidad de cuestionarnos a nosotros mismos ya nuestros movimientos es lo que hace que el feminismo siga siendo un movimiento vivo y progresista" (Adichie, 2014). En este sentido, es posible ser feminista, vegana y crítica al mismo tiempo, siempre que estas críticas busquen construir, en lugar de destruir, los fundamentos de justicia e igualdad que motivan estos movimientos.

El desafío de la diversidad de pensamiento en la sociedad contemporánea no puede ser subestimado. Aceptar el disenso y fomentar el diálogo son valores esenciales para cualquier sociedad que aspire a ser verdaderamente inclusiva y democrática. Los movimientos sociales, al igual que la sociedad en su conjunto, deben evitar la tentación de homogeneizar las ideas y, en cambio, abrazar la pluralidad de opiniones como una herramienta de enriquecimiento y crecimiento. Ser crítico dentro de un movimiento no es una traición, sino una forma de mantener viva la capacidad de evolución y adaptación que todo movimiento necesita para perdurar en el tiempo.

8. IGNORANCIA Y ARROGANCIA: LA IMPOSICIÓN IDEOLÓGICA

8.1. El uso de la moralidad para silenciar el pensamiento crítico.

Uno de los mayores peligros de la imposición ideológica es el uso de la moralidad para silenciar el pensamiento crítico. La moralidad, que debería ser un marco para promover el bien común y la justicia, a menudo se utiliza como una herramienta para invalidar las opiniones de aquellos que piensan de manera diferente. Este fenómeno ha sido descrito por la filósofa Hannah Arendt en *Responsibility and Judgment* (2003), donde advierte que «cuando la moralidad se convierte en un instrumento de poder, pierde su función original y se transforma en una manera de controlar y dominar» (Arendt , 2003).

El uso de la moralidad para silenciar el disenso es especialmente visible en el contexto de las redes sociales, donde ciertos grupos o individuos se presentan como los guardianes de la corrección moral. Quienes disienten o cuestionan estos puntos de vista son rápidamente etiquetados como inmorales, ignorantes o cómplices de injusticias, sin que se les dé la oportunidad de presentar una defensa o un razonamiento alternativo. Esto no solo limita el pensamiento crítico, sino que también crea un ambiente de miedo en el que las personas evitan expresar opiniones diferentes por temor a ser «canceladas» o descalificadas moralmente.

Como señala George Orwell en su ensayo *Notes on Nationalism* (1945), «cuando la moralidad se convierte en una bandera ideológica, ya no se trata de encontrar la verdad, sino de ganar batallas políticas y sociales, lo cual convierte el diálogo en un campo». de batalla» (Orwell, 1945). Este uso de la moralidad para silenciar la crítica es una forma de censura que empobrece el debate público y bloquea el progreso social.

8.2. *Los peligros de la superioridad moral.*

La superioridad moral es una de las consecuencias más visibles de la imposición ideológica. Aquellos que creen poseer una verdad absoluta a menudo se ven a sí mismos como moralmente superiores a quienes no comparten sus puntos de vista. Esta actitud genera un ambiente de arrogancia intelectual que rechaza el diálogo y promueve la exclusión de los que piensan diferente.

El filósofo Michael Walzer, en su libro *Thick and Thin: Moral Argument at Home and*

Abroad (1994), señala que «la superioridad moral tiende a crear una distancia entre los que creen estar en lo correcto y los que son considerados moralmente inferiores, generando una cultura de desprecio que impide el entendimiento mutuo» (Walzer, 1994). La superioridad moral no solo polariza el debate, sino que también impide la reflexión crítica dentro de los propios movimientos sociales, ya que cualquier cuestionamiento interno es percibido como una traición.

Este fenómeno es visible en muchos movimientos contemporáneos. Por ejemplo, algunos sectores del feminismo o el veganismo han sido criticados por exhibir una actitud de superioridad moral que aliena a potenciales aliados. En lugar de invitar al diálogo y la comprensión, se adopta una postura de condena hacia quienes no cumplen con los estándares morales más estrictos del movimiento. Como señala la escritora Joan Donovan en *The Problem of Moral Superiority* (2020), «la superioridad moral crea un ambiente donde las personas no buscan entenderse, sino validarse a sí mismas a través de la descalificación del otro» (Donovan, 2020).

8.3. La imposición ideológica y sus efectos en la convivencia social.

La imposición ideológica tiene efectos profundos en la convivencia social, ya que genera un ambiente de hostilidad y polarización que dificulta el entendimiento mutuo. En lugar de fomentar el respeto por la diversidad de opiniones, la imposición ideológica promueve la uniformidad de pensamiento, lo que puede llevar a la exclusión de quienes no se adhieren a la visión dominante.

El sociólogo Pierre Bourdieu, en su obra *La distinción* (1979), analiza El efecto de esta imposición ideológica en la convivencia social es doble. Por un lado, crea un ambiente de polarización, donde las personas se agrupan en «tribus» ideológicas.

8.4. Construyendo un espacio de diálogo respetuoso

Frente a la imposición ideológica, uno de los mayores retos de la sociedad contemporánea es construir espacios de diálogo respetuoso donde las diferentes perspectivas puedan coexistir y enriquecerse mutuamente. El filósofo Karl Popper, en su obra *La sociedad abierta y sus enemigos* (1945), argumenta que una sociedad verdaderamente democrática debe ser capaz de albergar una pluralidad de opiniones sin una ideología.

El diálogo respetuoso no implica renunciar a las propias convicciones, sino reconocer que la verdad rara vez es absoluta y que el entendimiento mutuo se construye a través de la confrontación respetuosa de ideas. Como señala la escritora Martha Nussbaum en *The Fragility of Goodness* (1986), «el verdadero diálogo no busca derrotar al otro, sino comprenderlo, lo que requiere una disposición a cuestionar las propias creencias.

La imposición ideológica, impulsada por la arrogancia moral y el uso indebido de la moralidad para silenciar la crítica, representa un desafío importante para la convivencia social y el pensamiento crítico. La superioridad moral y la exclusión del disenso generan un ambiente de polarización que impide el progreso social y limita la capacidad de los movimientos para adaptarse y evolucionar. La construcción de espacios de diálogo respetuoso, donde las ideas puedan ser debatidas y cuestionadas sin temor a la exclusión, es fundamental para garantizar una sociedad más justa e inclusiva. Solo a través del respeto mutuo y el entendimiento crítico podemos avanzar hacia un futuro donde la pluralidad de pensamientos enriquecezca, en lugar de dividir, nuestras sociedades.

9. CONCLUSIÓN: HACIA UNA SOCIEDAD DE PENSAMIENTO CRÍTICO

9.1. Recuperar el debate sano y la apertura intelectual

La clave para una sociedad de pensamiento crítico es la restauración de un debate sano, basado en la apertura intelectual y el respeto mutuo. En un mundo cada vez más dominado por la cultura de la cancelación, la polarización política y el tribalismo ideológico, es esencial volver a los fundamentos de la deliberación democrática. Como señala el filósofo Karl Popper en *La sociedad abierta y sus enemigos* (1945), "la libertad de pensamiento y expresión es el pilar de cualquier sociedad abierta. Solo a través del debate crítico y la confrontación de ideas podemos avanzar hacia una verdad más robusta" (Popper, 1945).

Recuperar el debate sano implica no solo la aceptación del disenso, sino también el reconocimiento de que las ideas contrarias a las nuestras no son necesariamente incorrectas o malintencionadas, sino oportunidades para el aprendizaje. Para que esto sea posible, es fundamental evitar la tentación de reducir las discusiones a simples batallas de poder o moralidad. Debemos fomentar un ambiente en el que se valoren tanto las preguntas como las respuestas, y en el que el objetivo principal no sea «ganar» la discusión, sino profundizar en la comprensión de los problemas sociales.

9.2. El equilibrio entre activismo y pluralismo

El activismo ha sido, y sigue siendo, una fuerza crucial para el cambio social. Sin embargo, es importante que el activismo se desarrolle en equilibrio con el pluralismo, es decir, con el respeto a la diversidad de opiniones y experiencias dentro y fuera de los movimientos sociales. La lucha por la justicia social no debe transformarse en un escenario de imposición ideológica, donde solo se permita una perspectiva única.

Nancy Fraser, en *Scales of Justice* (2008), aborda esta tensión entre activismo y pluralismo, sugiriendo que "la justicia no puede lograrse a través de la exclusión de voces disidentes, sino por medio de un proceso deliberativo en el que todas las perspectivas sean escuchadas y respetadas" (Fraser, 2008). Para Fraser, el pluralismo es esencial porque permite que los movimientos sociales se adapten a las realidades complejas y multifacéticas de la sociedad.

Lograr este equilibrio requiere un enfoque inclusivo en el que los activistas reconozcan que la pluralidad es una fuente de fortaleza, no de debilidad. Esto significa aceptar que, dentro de cualquier movimiento, puede haber desacuerdos legítimos sobre estrategias, prioridades e incluso objetivos. El pluralismo no solo debe ser un valor abstracto, sino una práctica constante en el activismo, que invita a la crítica constructiva y a la autorreflexión.

9.3. Cómo encontrar el espacio para el entendimiento mutuo

En un contexto social marcado por la polarización, encontrar un espacio para el entendimiento mutuo puede parecer un desafío monumental. Sin embargo, es posible lograrlo si se fomenta un compromiso genuino con el diálogo y la empatía. La filósofa Martha Nussbaum, en *The Monarchy of Fear* (2018), argumenta que "la clave para superar el miedo y la hostilidad que dominan nuestros tiempos es cultivar la capacidad de ponernos en el lugar del otro, de imaginar sus razones y emociones" (Nussbaum, 2018). Este tipo de empatía no es una cuestión de simpatía o acuerdo, sino de voluntad de comprender las experiencias y perspectivas ajenas.

El entendimiento mutuo no requiere la desaparición de las diferencias, sino la creación de un terreno común donde las ideas puedan ser intercambiadas sin el temor de la ridiculización o la condena. En este sentido, los medios de comunicación y las redes sociales juegan un papel crucial en cómo se estructuran los espacios de diálogo. La tendencia a las ecocámaras y la simplificación del discurso en estas plataformas debe ser contrarrestada con iniciativas que fomenten la diversidad de opiniones y que presenten los debates de manera matizada.

Un ejemplo práctico de cómo promover el entendimiento mutuo es la implementación de plataformas de diálogo intersectorial, donde diferentes actores de la sociedad —activistas, académicos, políticos y ciudadanos comunes— puedan participar en conversaciones en las que se valoren la reflexión y el intercambio respetuoso de ideas. Este tipo de espacios no solo enriquecerían el debate público, sino que también contribuirían a la cohesión social.

9.4. La importancia del conocimiento frente a la ignorancia.

La ignorancia, cuando se perpetúa y se utiliza como herramienta de poder, es uno de los mayores enemigos de la democracia y la justicia social. Como advirtió el activista y líder de los derechos civiles Martin Luther King Jr., «nada en el mundo es más peligroso que la ignorancia sincera y la estupidez consciente» (King, 1963). El conocimiento, por el contrario, es el antídoto contra la manipulación y la desinformación, y su promoción debe ser un objetivo central en cualquier sociedad que aspire a la equidad y la justicia.

Uno de los mayores retos contemporáneos es el combate contra la desinformación, especialmente en un contexto donde las *fake news* y las teorías de conspiración se propagan a gran velocidad. Según un estudio de MIT Media Lab (Vosoughi, Roy, & Aral, 2018), "las noticias falsas tienen un 70 % más de probabilidades de ser compartidas que las noticias verdaderas en redes sociales" (Vosoughi, Roy & Aral, 2018). Este fenómeno subraya la importancia de la alfabetización mediática y crítica, y del fortalecimiento de los sistemas educativos como baluartes contra la ignorancia.

La educación debe jugar un papel crucial en la formación de ciudadanos críticos que no solo consumen pasivamente la información, sino que sepan analizarla, cuestionarla y, en última instancia, utilizarla para construir una sociedad más justa. Las instituciones académicas, los medios de comunicación y los líderes sociales tienen la responsabilidad de promover una cultura de conocimiento riguroso que rechace las simplificaciones, fomente el pensamiento crítico y fortalezca el debate informado.

Hacia una sociedad de pensamiento crítico, el camino pasa por recuperar el debate sano, promover el pluralismo y encontrar el equilibrio entre activismo y respeto a la diversidad de opiniones. Para que la convivencia social sea inclusiva y justa, es necesario crear espacios de entendimiento mutuo, donde el diálogo prevalezca sobre la imposición ideológica. Finalmente, es crucial reconocer la importancia del conocimiento frente a la ignorancia, no solo como una herramienta de empoderamiento individual, sino como una defensa colectiva contra la manipulación y la desinformación.

Solo a través del fomento de una cultura crítica, basada en el respeto, la empatía y la apertura intelectual, podremos construir una sociedad en la que la pluralidad de ideas se convierta en una fortaleza y no en una fuente de división.

BIBLIOGRAFÍA

Adams, CJ *La política sexual de la carne: una teoría crítica feminista-vegetariana* . Bloomsbury, 1990.

Allcott, H., y Gentzkow, M. *Redes sociales y noticias falsas en las elecciones de 2016. Journal of Economic Perspectives, 31(2), 2017, págs. 211-236.*

Arendt, H. *Responsabilidad y juicio* . Schocken Books, 2003.

Bourdieu, P. *La distinción: Criterio y bases sociales del gusto* . Tauro, 1979.

Crenshaw, K. *Desmarginación de la intersección de raza y sexo: una crítica feminista negra de la doctrina antidiscriminación, la teoría feminista y la política antirracista* . Foro Jurídico de la Universidad de Chicago, 1989.

Davis, AY *La libertad es una lucha constante: Ferguson, Palestina y los cimientos de un movimiento* . Haymarket Books, 2016.

Donovan, J. *El problema de la superioridad moral* . The New Republic , 2020.

Douthat, R. *El auge de la cultura de la cancelación* . The New York Times , 2020.

Foucault, M. *Vigilar y castigar: Nacimiento de la prisión* . Siglo XXI Editores, 1975.

Fraser, N. *Las fortunas del feminismo: del capitalismo gestionado por el Estado a la crisis neoliberal* . Verso Books, 2013.

Fraser, N. *La balanza de la justicia: reimaginar el espacio político en un mundo globalizado* . Columbia University Press, 2008.

Furedi, F. *¿Qué ha pasado con la universidad? Una exploración sociológica de su infantilización* . Routledge, 2016.

Gay, R. *No estoy aquí para hacer amigos* . *Mala feminista* , Harper Perennial, 2015.

Haidt, J. *La mima de la mente estadounidense: cómo las buenas intenciones y las malas ideas están preparando a una generación para el fracaso* . Penguin Books, 2018.

King, ML Jr. *Carta desde la cárcel de Birmingham*. The Atlantic Monthly, 1963.

Mill, JS *Sobre la libertad* . Longman, Roberts & Green, 1859.

Mouffe, C. *La paradoja democrática* . Verso Books, 2000.

Nussbaum, M. *La fragilidad de la bondad: suerte y ética en la tragedia y la filosofía griegas* . Cambridge University Press, 1986.

Nussbaum, M. *La monarquía del miedo: un filósofo analiza nuestra crisis política* . Simon & Schuster, 2018.

Orwell, G. *Notas sobre el nacionalismo* . *Polémica* , 1945.

Orwell, G. *1984* . Secker y Warburg, 1949.

Popper, K. *La sociedad abierta y sus enemigos* . Paidós, 1945.

Rowling, JK *JK Rowling escribe sobre sus razones para hablar sobre cuestiones de sexo y género* . jkrowling.com , 2020.

Shiva, V. *Sobreviviendo: Mujeres, ecología y desarrollo* . Zed Books, 1988.

Sunstein, CR *#Republic: Democracia dividida en la era de las redes sociales* . Princeton University Press, 2018.

Tufekci, Z. *Twitter y gas lacrimógeno: el poder y la fragilidad de la protesta en red* . Universidad de Yale

Vosoughi, S., Roy, D., y Aral, S. *La difusión de noticias verdaderas y falsas en Internet* .

Walzer, M. *En las buenas y en las malas: argumentos morales en casa y en el extranjero.*

**GRACIAS POR COMPRAR
ESTE LIBRO.
DESCUBRE MÁS EN
NUESTRA WEB:**